LETTRE

DE M. L. P.

ADRESSÉE AUX CHAMBRES,

LE 5 JUILLET 1819.

Hâvre, le 12 juin 1819.

JE vous fais part, Monsieur, d'une proposition qu'on vient de me soumettre, et que je regarde comme un problème si difficile à résoudre que je vous serai obligé d'en causer avec M... au bureau du ministère de l'intérieur ; il pourra nous en faciliter la solution.

« Dans la situation actuelle des choses, ne
« doit-on pas regarder notre ancienne colonie
« de Saint-Domingue *comme irrévocablement*
« *perdue pour la France?* Et puisque c'est *un*
« *mal sans remède*, n'y auroit-il pas plus d'avan-
« tages pour notre commerce maritime, et pour
« les débouchés de nos manufactures, de né-
« gocier avec les deux pouvoirs qui se sont
« partagé nos dépouilles, pour reconnoître leur
« indépendance, aux conditions de nous traiter

« aussi bien que la nation la plus favorisée? Et,
« en supposant que Christophe refusât à entrer
« en négociation, ne devroit-on pas profiter des
« bonnes dispositions dans lesquelles on prétend
« avoir laissé le président Boyer? etc. etc. »

Quand on se souvient des immenses avantages
que la France retiroit de la possession de la par-
tie françoise de Saint-Domingue; quand on ré-
fléchit aux nombreux approvisionnements de
sucres, cafés, cotons, indigos, qui arrivoient an-
nuellement dans nos ports, et aux riches cargai-
sons de tous les produits de nos manufactures,
que l'on portoit à Saint-Domingue, on peut sans
doute faire des vœux pour recouvrer une fraction quelconque de ces bénéfices, s'il est vrai,
comme on l'assure, que les cultures s'étendent
et se perfectionnent, que la population s'accroît
et suffit aux besoins de l'agriculture, que les
sucreries se relèvent, que les caféières sont déja
en plein rapport, que des gouvernements ré-
guliers inspirent confiance et sécurité aux na-
vigateurs qui fréquentent leurs ports, pourquoi
laisser aux Anglois et aux Américains le privi-
lége exclusif d'approvisionner cette colonie?
pourquoi négliger de profiter des bonnes dispositions de ses habitants, qui, par des préjugés

de leur enfánce, ont conservé les goûts de nos étoffes et de tous les produits de nos manufactures? Si le Gouvernement étoit invité à envoyer des agents secrets dans les deux points de cette île, « ne suffiroit-il pas, pour mériter leur pré- « dilection sur toutes les autres nations, de re- « connoître leur indépendance, comme on a « déja proclamé par des lois leur affranchisse- « ment? Ne seroit-il pas même possible de né- « gocier auprès des gouvernants des indemnités « de la part des nouveaux propriétaires en faveur « des malheureux colons dépossédés? »

Voilà, sans doute, mon ami, le côté sous lequel on présente cette question, lorsque des intérêts particuliers, ou des insinuations quelconques, ou (ce qu'il convient sans doute mieux de supposer) l'envie de rendre au commerce maritime un nouvel aliment, et à nos manufactures de plus grands débouchés, convertit *en conviction* ce qui n'a pu jusqu'ici dissiper mes doutes.

Saint-Domingue, d'après de grands administrateurs et des écrivains recommandables par leur expérience, produisoit en 1789 une richesse agricole de 160 millions.

Vingt millions seulement échappoient à la

métropole par l'interlope ; le surplus arrivoit en France.

Par contre, la France envoyoit dans cette colonie, en objets de son sol ou de ses manufactures, pour 60 à 70 millions de valeurs.

Ces valeurs ne servoient pas seulement à la consommation de ses habitants, mais étoient l'aliment d'un commerce considérable avec les colonies espagnoles et autres.

Sa population, en 1789, excédoit :

300,000 noirs.
10,000 gens de couleur.
40,000 blancs.

350,000 hommes.

En 1788, elle produisoit :

En sucre terré... 70 millions de livres pesant.
En sucre brut... 93 *idem.*

Total... 163 millions.

La quantité des cafés et des cotons étoit assez considérable pour alimenter la population ou

les manufactures du royaume, et pour en ex-
porter de grandes masses dans toute l'Europe.
Et certes, à cette époque, Saint-Domingue étoit
l'île la plus productive des Indes occidentales,
*the most productive of all the West-India is-
lands.*

Toute cette prospérité s'est évanouie comme
un songe; tous les blancs, c'est-à-dire les colons
propriétaires, ont été égorgés ou obligés de
prendre la fuite. Le feu a dévoré les villes et les
habitations; toutes les raffineries ont été dé-
truites, ainsi que la plupart des autres sucreries. La guerre civile a moissonné un grand
nombre de noirs et de gens de couleur, et l'on
peut assurer, sans crainte d'être taxé d'exagération, que dans l'état actuel de Saint-Domingue
la culture est dans l'enfance. Ainsi, en rêvant
un moment que la France fût aujourd'hui
maîtresse de Saint-Domingue; d'un côté, elle
ne produiroit pas 70 *millions de sucre terré*,
puisqu'il n'existe pas *une seule raffinerie;* et, de
l'autre, il n'y aura de long-temps assez *de sucreries ni de cannes à sucre* pour donner 93 *millions
de sucre brut.* Et ce qui n'est pas inutile d'ob-
server ici, c'est qu'en 1788 Saint-Domingue
produisoit *les plus beaux et les meilleurs sucres* de

l'Amérique, et qu'ils sont maintenant classés *parmi les plus mauvais.*

Il en est de même des cotons, qui étoient tellement estimés, qu'il s'en faisoit de grands achats pour l'Angleterre; tandis qu'aujourd'hui ils sont dédaignés assez généralement, lorsqu'on en reçoit quelques foibles quantités.

On ne connoît plus en Europe les beaux cafés, autrefois si prisés, du Borgne, de Jean Rabel, du Dondon, de Jérémie et des Cayes, et les meilleurs aujourd'hui sont tout au plus d'une qualité très ordinaire, mêlés de fèves noires et de pierres. Les produits de cette fève sont tellement diminués, que, dans son enthousiasme, un écrivain zélé vante l'introduction à Londres, pendant les cinq dernières années, de 80 millions de café; ce qui fait, année commune, 16 millions pesant : et cependant il me confirme dans mon opinion que l'Angleterre fait *presque exclusivement* le commerce de cette colonie.

Il est donc à-peu-près démontré, 1° que Saint-Domingue, qui produisoit autrefois à la France au moins pour 140 *millions de denrées coloniales,* n'en peut pas produire maintenant le quart, c'est-à-dire, 35 millions : et *qu'il y a de l'exagération à supposer qu'elle peut produire actuellement pour 130 millions;*

2° Que le commerce de l'Europe ou de l'Amérique septentrionale avec cette île ne peut s'élever comme autrefois de 60 à 70 millions, parceque les consommateurs ont diminué de moitié; parceque les grandes fortunes ont disparu; et sur-tout parceque le mouvement révolutionnaire a tellement ébranlé toutes les colonies des Européens, qu'il n'y a plus de commerce régulier entre une colonie et les autres points.

Mais une autre vérité qui doit diminuer aux yeux du contemplateur froid et réfléchi la valeur de la colonie de Saint-Domingue, c'est que le territoire est partagé entre deux usurpateurs qui se haïssent, s'observent et se menacent sans cesse. Si la guerre se rallume entre eux, elle détruira de nouveau les hommes et les choses, et replongera dans la misère les individus qui, à l'ombre d'une trève momentanée, auront renouvelé quelques cultures.

On dit que le gouvernement anglois a favorisé jusqu'à présent son commerce avec cette colonie, et qu'il trafique presqu'exclusivement avec les deux pouvoirs du Nord et de l'Ouest.

Le gouvernement anglois n'a cependant point encore reconnu formellement l'indépendance de Saint-Domingue, il n'a point d'agents *accrédités* auprès de Christophe ou de Boyer; et ces deux gouvernants n'en ont point à Londres de *reconnus* par le cabinet britannique.

Il suffit, pour accorder la préférence aux Anglois, que cette puissance les ait *soutenus, favorisés dans l'insurrection:* ils reçoivent le prix de leur influence, et cela est naturel.

Par conséquent, si la France parvenoit à entrer en partage des avantages que l'Angleterre retire de ses relations commerciales avec les deux points de Saint-Domingue, nous ne pouvons espérer d'en avoir une fraction différente de celle que nous obtenons sur tous les autres points des Amériques; et personne ne pourra me prouver que, dans aucune colonie étrangère, nous entrions pour plus d'un dixième dans la masse du commerce fait par les Européens et les Anglo-Américains.

Il me paroît certain que les produits des denrées coloniales récoltées par les habitants de Saint-Domingue ne s'élèvent pas à 40 millions;

Que les importations d'Europe ou d'Améri-

que dans cette île ne dépassent pas 10 millions.
Ainsi la France pourroit à peine espérer porter
pour 2 millions de marchandises à Saint-Domingue, et en retirer 4 millions de produits
coloniaux. Il faudroit ensuite qu'elle *y envoyât
la solde en numéraire.*

En admettant la supposition gratuite d'un
produit de 130 millions, nous ne pouvons
*donc nous promettre d'en avoir plus de 13 mil-
lions,* et rien ne nous porte à croire que nos
importations auront plus d'importance; et s'il
étoit possible que nous parvinssions à balancer
les avantages de nos rivaux, que ne devons-
nous pas attendre de leur politique, et craindre
de la foiblesse de notre marine?

L'ancienne prospérité de Saint-Domingue
avoit excité la jalousie de la nation rivale; et,
en supposant même qu'elle n'ait été qu'une
simple spectatrice des affreuses catastrophes
qui l'ont fait évanouir, nul doute qu'elle n'en
ait retiré de grands avantages. Tous les mar-
chés du Continent que la France avoit coutume
d'approvisionner, et la France elle-même, por-
tèrent leurs ordres en Angleterre. Il en résulta
pour ce pays un commerce extérieur très éten-
du, et le prix du sucre s'éleva à un taux exor-

bitant. *The several continental murkets thal were furnished by France, et even France herself, looked towards Great-Britain fer a supply, this created a vart foreign trad from which circumstance the price of sugar was at such an exhorbitant rate of cost.....*

De bons esprits prétendent même que la paix d'Amiens ne fut de si courte durée que parceque des plans mieux dirigés pouvoient finalement soumettre cette colonie à sa mère-patrie, et que la reprise des hostilités devoit anéantir tous les moyens de la réduire.

Il n'est donc que trop vraisemblable que l'Angleterre entraveroit tous nos efforts, si elle s'apercevoit que les gouvernements de Saint-Domingue nous accordassent des préférences, ou si nous partagions avec elle le commerce de ce pays. Le jour où elle verroit que cette branche de commerce nous seroit profitable à son détriment, n'auroit-elle pas les moyens de susciter des guerres entre la république de Boyer et le royaume de Christophe?

Tout me porte à croire qu'aussi long-temps que l'Angleterre sera maîtresse de la mer, il nous sera impossible de recouvrer la colonie de Saint-Domingue, ni par la voie des armes, ni par des négociations ; sa politique s'opposera toujours à ce que nous redevenions maîtres de cette source de prospérité ; il me paroît même démontré que si nous obtenions de l'un des chefs des deux gouvernements de cette île un accueil trop favorable, elle ne tarderoit pas de susciter entre les deux chefs de nouveaux déchirements.

Et même si l'Angleterre s'apercevoit que la colonie de Saint-Domingue pût redevenir une des antilles les plus productives, elle ne tarderoit pas d'arrêter les progrès de ses cultures ; car son système bien reconnu est de *rester maîtresse du monopole du commerce*, et de faire fleurir la Jamaïque et toutes les îles à sucre aux dépens des colonies des autres Européens. Les produits de son commerce des Indes encombrent d'ailleurs tous les magasins, et pour s'assurer de grands débouchés, elle a intérêt d'entraver les cultures et le commerce des autres colonies.

Je pourrois démontrer par d'autres considérations, comment l'Angleterre a mis pour toujours une barrière insurmontable pour empêcher Saint-Domingue de retourner à la France ; et dans l'hypothèse où elle y retournât, pour entraver les progrès de sa restauration. Je réserve à un autre instant ces développements, qui ne seront pas sans intérêt.

Mais ne vous semble-t-il pas maintenant, Monsieur, que je vous ai suffisamment prouvé que, dans l'état actuel de cette île, la France ne peut retirer pour son commerce *de grands avantages;* et que si sa population entière ou partielle se prononçoit en faveur de la France, la même politique qui a favorisé les insurrections, et qui au moins n'a rien fait pour arrêter un incendie qui pouvoit renverser toutes les colonies de l'archipel américain, ne tarderoit pas à rompre nos nouveaux liens.

Mais examinons sans passion et sans préjugé la proposition qui est faite aux ports de mer de solliciter le Gouvernement de reconnoître l'indépendance de Saint-Domingue.

Quand, à la première législature, on traita des moyens de sauver cette colonie des horreurs de la révolte, la tribune nationale retentit de ces atroces paroles : *Périssent les colonies plutôt que les principes.* Elles parvinrent dans toutes nos colonies, et les insurrections éclatèrent par-tout. Elles furent comprimées à la Martinique, à la Guadeloupe et dans plusieurs îles;

angloises, mais Saint-Domingue fut couvert de cendres et de sang.

Les principes que l'on invoquoit étoient l'affranchissement des esclaves et l'abolition de la traite. Les esclaves se sont affranchis; la traite a été abolie, et la France a perdu la plus productive des Antilles.

Mais qu'il me soit permis d'avoir recours *aux principes*, et de les étudier dans les annales de cette grande nation qui, pendant 750 ans, domina sur l'ancien continent. On sait que les vaincus étoient esclaves; on sait que les Romains traitoient leurs esclaves avec plus de bonté que ne l'a jamais fait aucun autre peuple. Mais Spartacus parvient à soulever ses compagnons d'infortunes; il les arme, marche contre ses maîtres, défait les légions romaines, attire sous ses drapeaux jusqu'à 120 mille esclaves, jaloux de recouvrer leur liberté. Crassus conduit son armée victorieuse contre ces bandes révoltées, les défait à diverses reprises, les empêche de s'échapper de l'Italie, suivant les intentions de Spartacus, qui songeoit à se retirer dans la Thrace, sa patrie; les taille en pièces; et, après la mort de leur chef, détruit leurs bandes dispersées. Si Crassus eût laissé échapper Spartacus, il auroit épargné la vie d'un grand nombre de Romains ; mais le gouvernement romain connoissoit sa dignité : il apprécioit les effets funestes de l'exemple, et, pour contenir tous les esclaves de sa vaste domination, il devoit sévir contre les insurgés, et les anéantir.

Plus heureux que les Romains, nous ne connoissons d'esclaves que dans les colonies ; mais, comme les Romains, nous devons regarder comme un principe sacré *l'honneur national*, nous devons nous garantir contre les dangers de l'exemple.

Pardonnons aux esclaves de Saint-Domingue le sang françois qu'ils ont versé : pardonnons-leur l'envahissement des propriétés de leurs maîtres ; mais, gardons-nous d'aller nous-mêmes sanctionner leurs cruautés et leurs injustices, reconnoître leur indépendance, et solliciter leur amitié. Laissons au temps le soin de prescrire leurs nouveaux titres de propriété, et bornons-nous à tolérer les expéditions de nos commerçants vers cette colonie renaissante ; continuons d'accorder, si on le veut, les mêmes immunités aux provenances de ce pays qu'aux produits de nos colonies ; faisons plus, s'il est possible : mais que les intérêts de quelques hommes ne dégradent pas l'amour-propre d'une grande nation.

Je vais encore vous soumettre, Monsieur, une raison politique qui me semble s'opposer à la reconnoissanee formelle de l'indépendance de Saint-Domingue.

Jusqu'ici aucune nation ne l'a proclamée, cette indépendance ; et pourquoi ? parceque la France n'a pas abandonné ses droits sur son ancienne colonie ; parceque les autres peuples qui sont en paix avec elle ne peuvent la dépouiller de ses droits de propriété : et aussi long-temps que nous resterons muets sur cette question, aucune nation ne tentera de s'en emparer.

Mais si aujourd'hui le Gouvernement françois donnoit l'exemple de cette reconnoissance, ne seroit-il pas possible que l'Angleterre se fâchât tôt ou tard avec les Gouvernements d'Haïti ; qu'elle leur déclarât la guerre ; qu'elle les assujettît et qu'elle tirât bon parti de sa conquête. Et qu'on ne révoque pas en doute cette possibilité : car, maîtresse de la mer, l'Angleterre ne trouveroit pas d'obstacles de la part des puissances maritimes, et la France auroit à regretter d'avoir abandonné légèrement ses droits sur Saint-Domingue.

Je sais qu'on mettra en doute les intérêts de l'Angleterre à tenter une semblable expédition.

Mais je réponds que l'Angleterre posséde la Jamaïque, la Grenade, Tabago et beaucoup d'autres îles dont la prospérité dépend *du travail des nègres-esclaves*: et cette considération me suffit.

Vous voyez donc, Monsieur, que ce n'est pas sans motifs que je révoque en doute la convenance de négocier avec les Gouvernements de Saint-Domingue, aux conditions de reconnoître leur indépendance. On peut même tirer la conséquence de ce que j'ai dit dans cette lettre, que cette reconnoissance leur seroit préjudiciable.

Ainsi, d'un côté, peu d'avantages à recueillir de notre commerce avec cette île; de l'autre, de continuelles inquiétudes sur la stabilité de nos relations, si nous obtenions leur prédilection.

L'honneur national défend à la génération actuelle de proclamer l'indépendance, non pas seulement de sujets insurgés, mais d'esclaves révoltés et couverts du sang de leurs maîtres.

La politique s'oppose à cette reconnoissance, parceque, si nous renonçons à nos droits, d'autres nations peuvent attaquer Saint-Domingue, sans que nous ayons ni raisons ni motifs pour nous y opposer.

J'attends de votre amitié que vous me direz sans détour votre opinion sur ce que je vous écris, et que vous me ferez part des vues de votre ami sur cette question.

Je vous salue de cœur.

L. P.

DE L'IMPRIMERIE DE P. DIDOT L'AINÉ,
CHEVALIER DE L'ORDRE ROYAL DE SAINT-MICHEL,
IMPRIMEUR DU ROI.